Capitolo 1:

Introduzione all'Intelligenza Artificiale

L'intelligenza artificiale (IA) è una disciplina che mira a creare sistemi che simulano la capacità umana di pensare, apprendere e agire. La ricerca in IA è iniziata negli anni '50, ma solo negli ultimi anni si è verificato un significativo progresso tecnologico che ha reso possibili numerose applicazioni pratiche dell'IA.

Il termine "intelligenza artificiale" è stato coniato per la prima volta nel 1956 da John McCarthy, un informatico americano considerato uno dei padri dell'IA. McCarthy ha definito l'IA come "la scienza e l'ingegneria di creare macchine che possono fare cose che richiedono intelligenza umana, come il riconoscimento delle parole, la comprensione del linguaggio naturale, la previsione e la risoluzione dei problemi".

Ci sono diverse categorie di IA, tra cui:

IA debole: si riferisce a sistemi che svolgono compiti specifici, come il riconoscimento delle parole o la traduzione automatica.

IA forte: si riferisce a sistemi che possono svolgere qualsiasi compito che richiede intelligenza umana, come il ragionamento, la comprensione del linguaggio naturale e la percezione.

Le tecnologie di base dell'IA sono l'apprendimento automatico, la visione artificiale e il natural language processing. L'apprendimento automatico è un metodo di sviluppo dell'IA che utilizza algoritmi per consentire ai sistemi di apprendere e migliorare continuamente dai dati. La visione artificiale è un'area dell'IA che mira a replicare la capacità umana di vedere e comprendere l'ambiente. Il natural language processing è un'area dell'IA che si concentra sulla comprensione e sulla generazione del linguaggio naturale.

L'IA è utilizzata in una vasta gamma di applicazioni, tra cui:

Robotiche: l'IA è utilizzata per controllare i robot e consentire loro di eseguire compiti autonomamente.

Visione artificiale: l'IA è utilizzata per analizzare le immagini e i video per estrarre informazioni utili.

Naturale language processing: l'IA è utilizzata per comprendere e generare il linguaggio naturale.

Marketing: l'IA è utilizzata per analizzare i dati dei clienti e personalizzare le campagne di marketing.

Sanità: l'IA è utilizzata per analizzare i dati medici e aiutare i medici a prendere decisioni cliniche.

Mentre l'IA ha il potenziale per migliorare significativamente molte aree della vita, ci sono anche preoccupazioni per gli effetti a lungo termine dell'IA sulla società e sul lavoro. Alcuni esperti temono che l'IA possa causare disoccupazione massiva, mentre altri temono che l'IA possa essere utilizzata per scopi dannosi, come la sorveglianza di massa o la manipolazione dell'opinione pubblica.

Inoltre, ci sono anche questioni etiche e di sicurezza legate all'IA, come il controllo delle decisioni prese dai sistemi di IA, la protezione dei dati personali e la prevenzione dell'hacking.

In generale, l'IA è una disciplina in rapido sviluppo che sta già avendo un impatto significativo sulla società e che continuerà a farlo in futuro.

Il Capitolo 1 ha introdotto i concetti fondamentali dell'IA, dalla definizione di base alla sua storia e alle tecnologie di base. In seguito, i prossimi capitoli continueranno a esplorare l'IA in maggiore dettaglio e si esamineranno gli effetti e le sfide dell'IA.

Capitolo 2:

Storia dell'intelligenza artificiale

Introduzione

La Storia dell'Intelligenza Artificiale è un racconto affascinante che ci porta attraverso un viaggio attraverso il tempo, alla scoperta di come l'uomo ha cercato di replicare e superare l'intelligenza umana attraverso la tecnologia. Dagli antichi tentativi di creare automi meccanici in grado di imitare il comportamento umano, fino alle moderne tecnologie di apprendimento automatico e di intelligenza artificiale, l'IA ha attraversato una evoluzione sorprendente che ha continuato a stupirci e a stimolare la nostra immaginazione.

La storia dell'IA ci mostra come la scienza e la tecnologia si siano evolute nel corso degli anni, e come gli sviluppi tecnologici abbiano permesso di superare le sfide e di raggiungere traguardi impensabili solo pochi decenni fa. Essa ci racconta anche di come le aspettative e le paure della società nei confronti dell'IA si siano evolute nel tempo, riflettendo i cambiamenti nella cultura e nella tecnologia.

Comprendere la storia dell'IA ci consente di capire meglio come l'IA è stata sviluppata e utilizzata nel passato, e ci permette di prevedere gli sviluppi futuri e di prendere decisioni informate sull'utilizzo dell'IA. Ci permette anche di apprezzare la bellezza e la complessità dell'IA e di capire il suo potenziale per il futuro.

La comprensione della storia dell'IA è di fondamentale importanza perché ci fornisce una prospettiva completa e una comprensione profonda dell'evoluzione della tecnologia e delle sue implicazioni per la società. La conoscenza della storia ci permette di comprendere come le tecnologie IA sono state utilizzate in passato e di prevedere come potrebbero essere utilizzate in futuro. Ci consente anche di comprendere gli sviluppi tecnologici e di valutare le loro implicazioni per la società.

Inoltre, la comprensione della storia dell'IA ci aiuta a valutare le aspettative e le preoccupazioni della società nei confronti dell'IA, e ci aiuta a comprendere come le percezioni dell'IA siano cambiate nel corso del tempo. Ci permette anche di comprendere come l'IA sia stata utilizzata per fini positivi e negativi e ci aiuta a prendere decisioni informate per garantire che l'IA sia utilizzata in modo responsabile e etico.

In sintesi, la comprensione della storia dell'IA ci consente di avere una visione globale e completa delle opportunità e delle sfide legate all'IA, e ci aiuta a prendere decisioni informate per garantire che l'IA sia utilizzata al meglio delle sue potenzialità per il bene della società.

Le origini dell'IA

Gli antecedenti storici dell'IA possono essere suddivisi in tre categorie principali: antecedenti mitologici, letterari e filosofici; antecedenti scientifici e matematici; e antecedenti tecnologici.

1 Antecedenti mitologici, letterari e filosofici: Sin dall'antichità, l'uomo ha immaginato la creazione di macchine in grado di imitare il comportamento umano. Ad esempio,

nella mitologia greca, il dio del ferro Efesto creò degli automi per aiutarlo nei suoi lavori. Anche nella letteratura, la figura dell'automa è presente in molte opere, come il racconto di Karel Čapek "Rossum's Universal Robots", in cui si parla per la prima volta del termine "robot". La filosofia ha anche giocato un ruolo importante nella nascita dell'idea di creare macchine intelligenti, con pensatori come René Descartes che hanno scritto sull'idea di creare una macchina in grado di imitare il comportamento umano.

2 Antecedenti scientifici e matematici: La scienza e la matematica hanno anche contribuito a creare le basi per lo sviluppo dell'IA. Ad esempio, la logica matematica e la teoria della computazione sono state fondamentali per lo sviluppo degli algoritmi di intelligenza artificiale. Inoltre, la neuroscienza e la psicologia hanno contribuito a comprendere meglio il funzionamento del cervello umano e a sviluppare modelli di intelligenza artificiale basati sull'apprendimento automatico.

3 Antecedenti tecnologici: Con l'avvento dei primi computer negli anni '50, è iniziata la ricerca in IA e sono stati sviluppati i primi algoritmi di apprendimento automatico e i primi sistemi di intelligenza artificiale basati su regole. Questi primi sistemi hanno posto le basi per gli sviluppi futuri dell'IA e hanno influito sulla società e sulla cultura, aprendo la strada alla creazione di robot, assistenti virtuali e sistemi di intelligenza artificiale sempre più sofisticati.

In sintesi, gli antecedenti storici dell'IA sono molteplici e comprendono sia l'immaginazione umana che le scoperte scientifiche e tecnologiche. Essi ci forniscono una prospettiva unica su come l'uomo abbia sempre cercato di replicare e superare l'intelligenza umana attraverso la tecnologia e ci aiutano a comprendere meglio come siamo arrivati allo stato attuale dell'IA e quali sono le prospettive future per questa disciplina.

Sviluppi storici dell'IA anni '50 e '60

Uno dei contributi più significativi in questo periodo è stato l'elaborazione del linguaggio naturale, che ha permesso di creare sistemi di IA in grado di comprendere e generare il linguaggio umano. John McCarthy, uno dei fondatori dell'IA, è stato uno dei principali sviluppatori in questo campo e ha proposto il concetto di "comprensione del linguaggio naturale" come uno dei problemi principali da risolvere nell'IA.

Il riconoscimento delle immagini è stato un altro campo di ricerca importante negli anni '50 e '60. Un esempio di contributo significativo in questo campo è il perceptrone di Frank Rosenblatt, un algoritmo di apprendimento automatico che è stato uno dei primi sistemi di IA in grado di riconoscere le immagini.

Il gioco d'azzardo è stato un campo di ricerca importante in cui sono stati fatti contributi significativi. Un esempio è il sistema di gioco d'azzardo dell'IBM, uno dei primi sistemi di intelligenza artificiale basati su regole. Questo sistema è stato in grado di giocare a giochi come il checkers (dama americana) a un livello competitivo contro giocatori umani.

Oltre ai contributi specifici menzionati, molti scienziati e matematici hanno svolto un ruolo importante nella fondazione dell'IA come disciplina, tra cui John McCarthy, Marvin Minsky e Herbert Simon. Questi individui hanno proposto nuovi concetti e metodi che hanno posto le basi per gli sviluppi futuri dell'IA.

L'elaborazione del linguaggio naturale è una branca dell'IA che si concentra sulla creazione di sistemi di IA in grado di comprendere e generare il linguaggio umano. Questo campo di ricerca ha avuto un inizio promettente negli anni '50 e '60, con contributi significativi da parte di scienziati come John McCarthy, che ha proposto il concetto di "comprensione del linguaggio naturale" come uno dei problemi principali da risolvere nell'IA.

In questo periodo, sono stati sviluppati alcuni dei primi sistemi di elaborazione del linguaggio naturale, come il programma ELIZA di Joseph Weizenbaum, un sistema di conversazione basato su regole che simulava una terapia psicologica.

Gli sviluppi in questo campo hanno permesso di creare sistemi di IA in grado di comprendere e generare il linguaggio umano in modo sempre più sofisticato, con una maggiore accuratezza e comprensione del contesto. Ad esempio, l'uso delle reti neurali artificiali e del deep learning ha permesso di creare sistemi di elaborazione del linguaggio naturale in grado di comprendere il linguaggio umano in modo più simile a come lo fa un essere umano.

Il riconoscimento delle immagini è una branca dell'IA che si concentra sulla creazione di sistemi in grado di analizzare e interpretare immagini, come fotografie o video. Questo campo di ricerca ha avuto un importante sviluppo negli anni '50 e '60, con contributi significativi come il perceptrone di Frank Rosenblatt, un algoritmo di apprendimento automatico che è stato uno dei primi sistemi di IA in grado di riconoscere le immagini.

In questo periodo, sono stati sviluppati anche i primi sistemi di riconoscimento delle immagini basati su regole, come il sistema di riconoscimento delle immagini dell'IBM. Questi sistemi sono stati in grado di riconoscere oggetti specifici in immagini, come i caratteri scritti a mano.

Gli sviluppi successivi in questo campo hanno permesso di creare sistemi di riconoscimento delle immagini sempre più sofisticati, con una maggiore accuratezza e capacità di riconoscere una vasta gamma di oggetti e situazioni. l'uso di tecniche di deep learning, come le reti neurali convolutional, hanno permesso di raggiungere livelli di accuratezza sorprendenti nel riconoscimento delle immagini.

In generale, il riconoscimento delle immagini è stato uno dei contributi più significativi della ricerca in IA negli anni '50 e '60, e ha posto le basi per gli sviluppi futuri in questo campo, che vengono utilizzati in molteplici applicazioni come la visione artificiale, il riconoscimento facciale, l'analisi delle immagini mediche, e molte altre ancora.

Sviluppi storici dell'IA anni '70 e '80

Negli anni '70 e '80, ci sono stati importanti sviluppi nell'IA, in particolare nell'elaborazione del linguaggio naturale e nell'intelligenza artificiale simbolica. Nell'elaborazione del linguaggio naturale, sono stati sviluppati i primi sistemi di riconoscimento delle parole, che hanno permesso di creare sistemi di IA in grado di comprendere e generare il linguaggio umano in modo più preciso.

Inoltre, è stato fatto un grande passo avanti nello sviluppo dei primi sistemi di ragionamento automatico, che hanno permesso di creare sistemi di IA in grado di ragionare e risolvere problemi logici in modo simile a come lo fa un essere umano. Questi sviluppi hanno portato alla creazione di sistemi di IA simbolici, che sono stati utilizzati per creare sistemi di elaborazione del linguaggio naturale, sistemi di ragionamento e sistemi di pianificazione.

Negli anni '70 e '80, ci sono stati importanti sviluppi nell'elaborazione del linguaggio naturale, che hanno permesso di creare sistemi di IA in grado di comprendere e generare il linguaggio umano in modo più preciso. Uno dei contributi più importanti in questo campo è stato il sistema di elaborazione del linguaggio naturale dell'IBM, che ha utilizzato tecniche di elaborazione del linguaggio naturale basate su regole per creare un sistema in grado di comprendere e generare il linguaggio umano in modo più preciso.

Inoltre, è stato sviluppato un sistema di elaborazione del linguaggio naturale basato sull'uso di una base di conoscenza semantica, che ha permesso di creare un sistema in grado di comprendere il significato delle frasi in modo più preciso.

Gli sviluppi successivi in questo campo hanno portato alla creazione di sistemi di elaborazione del linguaggio naturale sempre più sofisticati, che utilizzano tecniche di deep learning e di apprendimento automatico per comprendere il linguaggio umano in modo più preciso e naturale.

Ci sono stati, inoltre, importanti sviluppi nell'intelligenza artificiale simbolica, che ha permesso di creare sistemi di IA in grado di ragionare e risolvere problemi logici in modo simile a come lo fa un essere umano. Uno dei contributi più importanti in questo campo è stato il programma di intelligenza artificiale di John McCarthy, che ha utilizzato la logica per creare un sistema in grado di ragionare e risolvere problemi.

Inoltre, sono stati sviluppati i primi sistemi di inferenza automatica, che hanno permesso di creare sistemi di IA in grado di derivare conclusioni logiche a partire da premesse date. Questi sviluppi hanno portato alla creazione di sistemi di IA simbolici, che sono stati utilizzati per creare sistemi di elaborazione del linguaggio naturale, sistemi di ragionamento e sistemi di pianificazione.

Gli sviluppi successivi in questo campo hanno portato alla creazione di sistemi di IA sempre più sofisticati e capaci di ragionare in modo simile a come lo fa un essere umano, come ad esempio i sistemi di intelligenza artificiale basati sull'uso di reti logiche.

Sviluppi storici dell'IA anni '90 e 2000

Negli anni '90 e 2000, ci sono stati importanti sviluppi nell'IA, in particolare nell'elaborazione del linguaggio naturale e nella visione artificiale. Nell'elaborazione del linguaggio naturale, sono stati sviluppati i primi sistemi di comprensione del linguaggio naturale basati sull'uso di tecniche di deep learning e di apprendimento automatico, che hanno permesso di creare sistemi in grado di comprendere il linguaggio umano in modo più preciso e naturale rispetto ai sistemi simbolici.

Inoltre, è stato fatto un grande passo avanti nello sviluppo dei primi sistemi di visione artificiale, che hanno permesso di creare sistemi in grado di riconoscere oggetti e scene in immagini e video in modo simile a come lo fa un essere umano. Questi sviluppi hanno portato alla creazione di sistemi di visione artificiale sempre più sofisticati, utilizzati in una vasta gamma di applicazioni come la guida autonoma, la sicurezza e la sorveglianza.

Negli anni '90 e 2000, ci sono stati importanti sviluppi nell'elaborazione del linguaggio naturale, che hanno permesso di creare sistemi di IA in grado di comprendere e generare il linguaggio umano in modo più preciso e naturale rispetto ai sistemi simbolici di prima. Uno dei contributi più importanti in questo campo è stato l'uso di tecniche di deep learning e di apprendimento automatico, che hanno permesso di creare modelli in grado di comprendere il linguaggio umano in modo più preciso e naturale.

Inoltre, sono stati sviluppati sistemi di elaborazione del linguaggio naturale basati sull'uso di grandi quantità di dati, noti come sistemi di elaborazione del linguaggio naturale statistici, che hanno permesso di creare sistemi in grado di comprendere il linguaggio umano in modo più preciso e naturale rispetto ai sistemi simbolici.

Ci sono stati anche importanti sviluppi nella visione artificiale, che hanno permesso di creare sistemi di IA in grado di riconoscere e comprendere immagini e video in modo simile a come lo fa un essere umano. Uno dei contributi più importanti in questo campo è stato l'uso di tecniche di apprendimento automatico, come le reti neurali, che hanno permesso di creare modelli in grado di riconoscere oggetti e scene in immagini e video con una precisione sempre maggiore.

Aspettative e paure nella storia dell'IA

All'inizio della ricerca in IA, negli anni '50 e '60, c'era un ottimismo eccessivo riguardo alle possibilità dell'IA di risolvere problemi complessi e di superare le capacità umane. Gli esperti di IA ritenevano che sarebbe stato possibile creare sistemi in grado di comprendere e generare il linguaggio umano, di risolvere problemi matematici complessi e di giocare a scacchi a livello umano entro pochi anni.

Tuttavia, con il passare del tempo e la comprensione più profonda dei limiti dell'IA, le aspettative degli esperti si sono adeguate diventando più realistiche. Gli esperti hanno iniziato a capire che l'IA non può risolvere tutti i problemi e che ci sono limiti intrinseci all'IA che non possono essere superati.

In generale, gli esperti di IA negli ultimi anni si sono concentrati sullo sviluppo di sistemi di IA specializzati e sull'uso dell'IA per risolvere problemi specifici, piuttosto che sull'obiettivo di creare un'IA generale che possa risolvere tutti i problemi.

Inoltre, gli esperti di IA sono sempre più consapevoli delle questioni etiche e sociali legate all'uso dell'IA, e si stanno adoperando per trovare soluzioni a questi problemi.

Sin dall'inizio della ricerca in IA, la società ha sempre avuto paure riguardo agli effetti dell'IA. Alcune di queste paure riguardano la possibilità che l'IA possa diventare troppo potente e sfuggire al controllo umano, oppure che possa causare disoccupazione e squilibri economici a causa dell'automazione dei lavori.

Nel corso degli anni, queste paure sono state alimentate dalla cultura popolare, con la rappresentazione di scenari apocalittici in cui la tecnologia diventa troppo potente per essere controllata. Tuttavia, con la crescente comprensione dell'IA e dei suoi limiti, queste paure sono state in gran parte superate.

Gli esperti di IA e le istituzioni governative stanno lavorando per affrontare le questioni etiche e sociali legate all'IA e per garantire che l'IA sia utilizzata in modo responsabile e sostenibile. Inoltre, l'IA può essere utilizzata per risolvere problemi importanti e migliorare la qualità della vita delle persone.

La comprensione della storia dell'IA è importante perché ci permette di capire come siamo arrivati ai sistemi IA attuali e quali sono stati i problemi e i successi del passato. Ci dà una prospettiva sui limiti e le opportunità dell'IA attuale e ci aiuta a prevedere le tendenze future. Inoltre, comprendere la storia dell'IA ci aiuta a capire le questioni etiche e sociali legate all'IA e a sviluppare una visione responsabile per il futuro dell'IA.

Capitolo 3:

Tecnologie di base dell' IA

Introduzione

Il capitolo 3 del nostro libro sull'intelligenza artificiale si concentrerà sull'esplorazione delle tecnologie di base utilizzate per costruire sistemi di intelligenza artificiale. In questo capitolo, esploreremo i principali algoritmi di apprendimento automatico, come la regressione lineare, gli alberi di decisione e le reti neurali, nonché i linguaggi di programmazione più comunemente utilizzati nello sviluppo di sistemi IA.

Ci concentreremo sui dettagli tecnici di ciascuno di questi algoritmi e linguaggi, fornendo informazioni dettagliate su come utilizzarli per costruire modelli di apprendimento automatico efficaci. Inoltre, forniremo esempi di codice e casi d'uso per aiutare i lettori a comprendere come questi algoritmi possono essere utilizzati nella pratica.

Il capitolo 3 fornirà una solida base tecnica per i lettori interessati ad approfondire le proprie conoscenze sull'intelligenza artificiale, fornendo una comprensione dettagliata delle tecnologie di base utilizzate per costruire sistemi IA.

Algoritmi di apprendimento automatico

- La regressione lineare è un modello di regressione che si basa sull'ipotesi che la relazione tra le variabili dipenda linearmente dalle variabili esplicative. Il modello consente di effettuare previsioni su una variabile dipendente a partire da una o più variabili indipendenti, utilizzando una funzione lineare.

Il modello di regressione lineare può essere utilizzato per risolvere problemi di regressione univariata o multivariata. In una regressione univariata, si utilizza una sola variabile indipendente per effettuare previsioni su una sola variabile dipendente. In una regressione multivariata, invece, si utilizzano più variabili indipendenti per effettuare previsioni su una sola variabile dipendente.

Il modello di regressione lineare viene solitamente utilizzato per effettuare previsioni su dati continui, come i prezzi delle azioni, i tassi di interesse, i tassi di cambio e così via. Tuttavia, può essere utilizzato anche per risolvere problemi di classificazione binaria, trasformando la variabile dipendente in una variabile binaria e utilizzando la regressione logistica.

In generale, la regressione lineare è uno degli algoritmi di apprendimento automatico più utilizzati per effettuare previsioni su dati continui e per risolvere problemi di classificazione binaria.

- Il k-nearest neighbors (k-NN). k-NN è un algoritmo di apprendimento non supervisionato che utilizza la distanza tra i punti dei dati per stabilire la somiglianza tra gli elementi.

L'algoritmo k-NN funziona selezionando un numero k di punti più vicini in un insieme di dati di addestramento e utilizzando la classe di questi punti per effettuare una previsione su un nuovo punto. La classe più comune tra i k punti più vicini viene utilizzata come previsione per il nuovo punto.

k-NN è un algoritmo di classificazione, ma può essere utilizzato anche per la regressione. In questo caso, invece di selezionare la classe più comune tra i k punti più vicini, si utilizzerà la media dei valori della variabile dipendente.

k-NN è un algoritmo semplice e facile da capire, ma richiede una grande quantità di memoria per archiviare tutti i dati di addestramento. Inoltre, poiché l'algoritmo utilizza la distanza euclidea per calcolare la somiglianza tra i punti, è importante normalizzare le variabili prima di eseguire il modello.

In generale, k-NN è un algoritmo di apprendimento non supervisionato versatile e facile da implementare che può essere utilizzato per la classificazione e la regressione.

- il support vector machine (SVM).
SVM è un algoritmo di classificazione supervisionato che utilizza una funzione chiamata "iperpiano" per separare i dati in diverse classi. L'iperpiano ideale è quello che ha la maggiore distanza possibile tra le classi, chiamata "margine massimo". Una volta che l'iperpiano è stato trovato, i nuovi punti possono essere classificati semplicemente verificando a quale lato dell'iperpiano essi appartengono.

SVM è particolarmente utile quando i dati sono "sovrapposti", ovvero quando non c'è una chiara separazione tra le classi. In questi casi, SVM utilizza una funzione chiamata "kernel" per trasformare i dati in uno spazio ad alto dimensionale in cui è possibile trovare una separazione.

SVM è un algoritmo robusto e generalmente fornisce buoni risultati, ma può essere computazionalmente costoso per grandi set di dati. Inoltre, la scelta del kernel giusto può essere complessa e richiedere sperimentazione.

- Gli alberi di decisione sono un modello di apprendimento supervisionato che utilizza una struttura ad albero per rappresentare le decisioni e le relative conseguenze. Ogni nodo interno dell'albero rappresenta una decisione da prendere, mentre ogni foglia rappresenta una possibile conseguenza o una classe. Il percorso dalla radice alla foglia rappresenta una sequenza di decisioni che portano alla conseguenza specifica.

Gli alberi di decisione sono utilizzati per risolvere problemi di classificazione e di regressione. Essi sono molto intuitivi e facili da interpretare, sia per gli esperti che per i non esperti.

Inoltre, gli alberi di decisione possono essere utilizzati anche quando i dati hanno valori mancanti o sono di tipo misto.

Tuttavia, gli alberi di decisione possono essere suscettibili al sovrapprendimento, ovvero all'apprendimento troppo specifico dei dati di addestramento e quindi al mal funzionamento su nuovi dati. Per questo motivo spesso si utilizzano tecniche di validazione e di regolazione degli alberi di decisione, come la Random Forest, per migliorare l'accuratezza del modello.

Ci sono tanti altri esempi di 'apprendimento automatico' importanti da riportare e spiegare, ma la situazione diventerebbe troppo confusionaria. Per ora ci fermiamo qui, verranno scritti libri più tecnici appositi.

Reti neurali e linguaggi di programmazione dell'IA

Le reti neurali sono una forma di algoritmo di apprendimento automatico che imitano il funzionamento del cervello umano. Esse sono utilizzate per la classificazione, la regressione, la generazione di immagini e il riconoscimento del linguaggio. Le reti neurali possono essere addestrate su grandi set di dati e sono particolarmente utili per i problemi che richiedono una grande quantità di dati e/o una grande quantità di elaborazione.

I linguaggi di programmazione per l'IA sono utilizzati per creare sistemi di intelligenza artificiale. I linguaggi di programmazione più comuni per l'IA sono Python, R e Java. Essi forniscono una vasta gamma di librerie e framework per l'IA, come TensorFlow, Keras, PyTorch, Scikit-Learn e NLTK.

Inoltre, i linguaggi di programmazione per l'IA possono essere utilizzati per creare sistemi di intelligenza artificiale distribuiti, che possono utilizzare più macchine per addestrare modelli su grandi set di dati.

In sintesi, le reti neurali e i linguaggi di programmazione sono fondamentali per lo sviluppo di sistemi di intelligenza artificiale, e sono utilizzati in una vasta gamma di campi, dalla medicina, alla finanza, alla scienza dei dati e alla sicurezza informatica.

- La programmazione in Python è diventata uno dei principali linguaggi utilizzati per lo sviluppo di progetti di intelligenza artificiale. Il motivo per cui Python è così popolare in questo campo è la sua semplicità di utilizzo, la vasta gamma di librerie disponibili e la comunità attiva di sviluppatori che supporta e sviluppa costantemente nuove funzionalità.

Le librerie Python più comunemente utilizzate per lo sviluppo di progetti di IA sono TensorFlow, Keras e PyTorch. TensorFlow è una libreria di alto livello per il machine learning sviluppata da Google, che consente di creare e addestrare modelli di intelligenza artificiale utilizzando una vasta gamma di algoritmi. Keras è un'altra libreria di alto livello per il machine learning, progettata per semplificare la creazione di modelli di IA. PyTorch è una libreria per il machine learning sviluppata da Facebook, che consente di creare e addestrare modelli di IA utilizzando una vasta gamma di algoritmi.

Inoltre, Python offre anche una vasta gamma di librerie per il pre-processing dei dati, come pandas e numpy, che consentono di gestire e manipolare i dati in modo efficiente.

In sintesi, la programmazione in Python è una scelta ideale per gli sviluppatori di intelligenza artificiale, poiché offre una vasta gamma di librerie per il machine learning e il pre-processing dei dati, oltre ad avere una comunità attiva di sviluppatori che supporta e sviluppa costantemente nuove funzionalità.

- R è un linguaggio di programmazione open-source che è stato originariamente progettato per l'analisi statistica e la visualizzazione dei dati. Tuttavia, negli ultimi anni è diventato uno strumento popolare per l'apprendimento automatico e l'intelligenza artificiale. Ciò è dovuto alla disponibilità di una vasta gamma di pacchetti e librerie specifiche per l'IA, come ad esempio caret, randomForest e neuralnet.

R offre una serie di vantaggi per l'uso con l'IA rispetto ad altri linguaggi di programmazione. Innanzitutto, R ha una comunità attiva e in crescita, con molti sviluppatori e ricercatori che contribuiscono costantemente alla creazione di nuovi pacchetti e librerie per l'IA. Inoltre, R è molto flessibile e può essere utilizzato per una vasta gamma di problemi di IA, come la classificazione, la regressione e la clustering. R è anche molto utile per la lavorazione e la visualizzazione dei dati, consentendo agli sviluppatori di preparare i dati per l'addestramento dei modelli di IA e di analizzare i risultati.

R ha anche alcune limitazioni per l'uso con l'IA. A causa della sua natura di linguaggio di alto livello, R può essere meno efficiente rispetto ad altri linguaggi di programmazione come C++ o Python quando si lavora con grandi quantità di dati. Inoltre, R non è stato originariamente progettato per l'IA, quindi alcune delle librerie e pacchetti per l'IA potrebbero essere meno maturi rispetto a quelli disponibili in altri linguaggi di programmazione.

In generale, R è uno strumento potente per l'IA, soprattutto per l'analisi dei dati e la visualizzazione dei dati, con una vasta gamma di pacchetti e librerie disponibili per l'apprendimento automatico. Tuttavia, gli sviluppatori dovrebbero valutare le loro esigenze specifiche e le dimensioni dei dati per determinare se R è il migliore linguaggio di programmazione per il loro progetto di IA.

- Java è un linguaggio di programmazione popolare e ampiamente utilizzato in molti ambiti dello sviluppo software, tra cui l'intelligenza artificiale. Esso offre una vasta gamma di librerie e framework per l'IA, tra cui Weka per l'apprendimento automatico, Deeplearning4j per l'elaborazione delle reti neurali e NLTK per il natural language processing.

Il linguaggio Java è molto potente e flessibile, ed è stato progettato per essere facilmente utilizzabile da programmatori di tutti i livelli di esperienza. Esso supporta una vasta gamma di piattaforme, tra cui Windows, Mac e Linux, e può essere eseguito su una vasta gamma di dispositivi, tra cui computer desktop, laptop, dispositivi mobili e server.

Inoltre, Java è un linguaggio fortemente tipizzato, il che significa che gli sviluppatori devono dichiarare il tipo di dati per ogni variabile, il che aiuta a prevenire gli errori di programmazione comuni. Inoltre, Java utilizza la gestione automatica della memoria, il che significa che gli sviluppatori non devono preoccuparsi di gestire manualmente la memoria del sistema.

In termini di apprendimento automatico, Java offre una vasta gamma di librerie e framework, tra cui Weka, un framework di apprendimento automatico che include una vasta gamma di algoritmi di apprendimento automatico, tra cui decision tree, reti neurali e clustering.

Applicazioni dell' IA

IA nell'industria

L'IA è una tecnologia in rapida crescita che sta già cambiando il modo in cui le aziende operano in diverse industrie. In campo finanziario, l'IA è utilizzata per analizzare i dati del mercato e prevedere gli andamenti futuri. In campo sanitario, l'IA è utilizzata per analizzare grandi quantità di dati medici e aiutare i medici a prendere decisioni informate. In campo della produzione, l'IA è utilizzata per ottimizzare i processi e aumentare l'efficienza.

Un esempio di come l'IA sta cambiando l'industria è il modo in cui sta cambiando il commercio elettronico. I sistemi di consiglio basati sull'IA sono in grado di analizzare i dati degli utenti e offrire consigli personalizzati sui prodotti che potrebbero essere interessati. Inoltre, i chatbot basati sull'IA sono in grado di fornire assistenza al cliente in modo efficiente e personalizzato.

In campo automobilistico, l'IA sta giocando un ruolo importante nello sviluppo di veicoli autonomi. dove i veicoli autonomi utilizzano tecnologie di intelligenza artificiale per navigare in modo sicuro e efficiente. I sistemi di assistenza alla guida, come ad esempio il cruise control adattivo e il riconoscimento dei segnali stradali, sono esempi di come l'IA sta cambiando il modo in cui ci muoviamo.

Automotive

Nel settore automobilistico, l'IA è utilizzata in diversi ambiti, tra cui la guida autonoma, la manutenzione preventiva e la produzione.

La guida autonoma è uno dei campi più promettenti in cui l'IA sta attualmente trovando applicazione. Utilizzando sensori avanzati come la videocamera, il radar e il lidar, i veicoli autonomi sono in grado di percepire e interpretare il loro ambiente circostante, consentendo loro di navigare in modo sicuro su strade pubbliche. Inoltre, l'IA è utilizzata per analizzare i dati raccolti dai sensori e prendere decisioni in tempo reale, ad esempio per evitare gli ostacoli o per scegliere la strada più efficiente.

La manutenzione preventiva è un altro campo in cui l'IA sta trovando applicazione nell'industria automobilistica. Grazie all'analisi dei dati raccolti dai sensori del veicolo, l'IA può rilevare eventuali problemi prima che diventino critici e segnalarli al conducente o alla rete di assistenza clienti. Ciò consente di programmare la manutenzione in anticipo e di evitare problemi di funzionamento a lungo termine.

Infine, l'IA sta trovando impiego anche nella produzione automobilistica. Ad esempio, l'IA può essere utilizzata per ottimizzare il processo di produzione, ad esempio per pianificare la produzione in base alla domanda e alle previsioni delle vendite. Inoltre, l'IA può essere utilizzata per controllare la qualità dei prodotti finiti, ad esempio per rilevare eventuali difetti o imperfezioni nei componenti.

Finance

L'IA sta già giocando un ruolo importante nella prevenzione delle frodi, nell'analisi dei dati finanziari e nell'ottimizzazione dei processi aziendali. In particolare, gli algoritmi di machine learning stanno aiutando le istituzioni finanziarie a prendere decisioni più informate e a identificare opportunità di investimento.

Un esempio di come l'IA sta cambiando il mondo della finanza è l'utilizzo dei sistemi di trading automatici. Questi sistemi utilizzano algoritmi di apprendimento automatico per analizzare grandi quantità di dati finanziari e identificare opportunità di trading. Ciò consente ai trader di reagire rapidamente ai cambiamenti del mercato e di prendere decisioni più informate.

L'IA sta anche giocando un ruolo importante nella prevenzione delle frodi. Gli algoritmi di machine learning possono analizzare grandi quantità di dati e identificare pattern che indicano attività fraudolente. Ciò consente alle istituzioni finanziarie di prevenire le frodi e di proteggere i propri clienti.

Infine, l'IA sta aiutando le istituzioni finanziarie a ottimizzare i propri processi aziendali. Ad esempio, gli algoritmi di apprendimento automatico possono analizzare grandi quantità di dati e identificare opportunità per ridurre i costi e migliorare l'efficienza. Ciò consente alle istituzioni finanziarie di ottenere un vantaggio competitivo e di migliorare i propri profitti.

Salute

L'intelligenza artificiale sta giocando un ruolo sempre più importante nell'ambito della medicina, consentendo una diagnosi più precisa e una maggiore efficienza nei trattamenti. Ad esempio, l'utilizzo di algoritmi di apprendimento automatico per analizzare immagini mediche, come tomografie computerizzate e risonanze magnetiche, sta permettendo una diagnosi più precisa e tempestiva di malattie come il cancro. Inoltre, l'IA sta aiutando i medici a sviluppare una comprensione più profonda delle malattie, consentendo una personalizzazione dei trattamenti basati sulla genetica del paziente.

In ambito farmaceutico, l'IA sta aiutando a sviluppare nuovi farmaci e trattamenti più efficaci, attraverso l'analisi di grandi quantità di dati genetici e di ricerca.

Inoltre, l'IA è utilizzata anche nella gestione dei pazienti, per esempio per monitorare costantemente i loro dati vitali, in modo da intervenire tempestivamente in caso di emergenza.

In sintesi, l'utilizzo dell'IA nel settore della salute sta dimostrando di essere una forza trainante per la medicina del futuro, offrendo una maggiore precisione nella diagnosi e nei trattamenti, nonché una maggiore comprensione delle malattie.

IA nei servizi

L'IA è diventata sempre più comune nei servizi, sia in termini di assistenza clienti che di ricerca e sviluppo.

In primo luogo, l'IA è utilizzata per fornire un'assistenza clienti personalizzata e tempestiva. Ad esempio, chatbot e assistenti vocali utilizzano l'IA per comprendere le esigenze dei clienti e fornire risposte appropriate. Inoltre, l'IA può anche essere utilizzata per analizzare il feedback dei clienti e individuare modelli per migliorare il servizio.

In secondo luogo, l'IA è utilizzata anche nella ricerca e sviluppo per aiutare a identificare nuove opportunità e tendenze. Ad esempio, l'IA può essere utilizzata per analizzare grandi quantità di dati per identificare nuove opportunità di mercato e tendenze emergenti. Inoltre, l'IA può anche essere utilizzata per sviluppare nuovi prodotti e servizi, come ad esempio algoritmi di personalizzazione dei contenuti.

Infine, l'IA è utilizzata anche per l'analisi dei dati, per aiutare a identificare modelli e tendenze nelle informazioni raccolte. Ad esempio, l'IA può essere utilizzata per analizzare i dati dei clienti per identificare opportunità di fidelizzazione e migliorare la relazione

Assistenza clienti

L'IA può essere utilizzata per automatizzare alcune delle attività più ripetitive dell'assistenza clienti, come la risposta alle domande frequenti o la risoluzione dei problemi. Ciò consente ai rappresentanti del servizio clienti di concentrarsi su questioni più complesse che richiedono una maggiore competenza umana.

Inoltre, l'IA può essere utilizzata per analizzare i dati dei clienti e fornire una migliore comprensione delle loro esigenze e preferenze. Ciò consente alle aziende di personalizzare l'esperienza del cliente e migliorare la soddisfazione.

Un esempio di utilizzo dell'IA nell'assistenza clienti è l'utilizzo di chatbot per rispondere alle domande dei clienti. I chatbot possono essere programmati per rispondere alle domande più comuni e fornire informazioni accurate e tempestive. Inoltre, possono essere addestrati per capire il linguaggio naturale e fornire risposte più pertinenti.

In generale, l'IA può aiutare a migliorare l'esperienza del cliente e aumentare l'efficienza del servizio clienti. Tuttavia, è importante notare che l'IA non deve essere vista come una soluzione a tutti i problemi dell'assistenza clienti. L'IA deve essere utilizzata in combinazione con il personale umano per ottenere i migliori risultati.

Ricerca e sviluppo

L'intelligenza artificiale può essere utilizzata in una vasta gamma di attività di ricerca e sviluppo, dalla progettazione di prodotti all'ottimizzazione dei processi industriali. Un esempio di utilizzo dell'IA nella ricerca e sviluppo è la creazione di algoritmi di apprendimento automatico per analizzare grandi quantità di dati e identificare pattern nascosti. Questi algoritmi possono essere utilizzati per sviluppare nuovi prodotti o migliorare quelli esistenti, ad esempio nell'ambito dell'ingegneria genetica o della chimica.

Inoltre, l'IA può essere utilizzata per simulare condizioni di lavoro e testare la sicurezza dei prodotti, prima che vengano prodotti. Questo può consentire di identificare e correggere eventuali problemi in una fase precoce, il che può comportare notevoli risparmi in termini di tempo e denaro. In campo medico, l'IA può essere utilizzata per analizzare grandi quantità di dati clinici e identificare nuove terapie per malattie specifiche.

Analisi dei dati

L'IA può essere utilizzata per analizzare grandi quantità di dati in modo rapido ed efficiente, estraendo informazioni utili e rilevanti che potrebbero altrimenti essere difficili o impossibili da individuare.

In ambito aziendale, l'IA può essere utilizzata per analizzare i dati dei clienti, delle vendite e delle finanze per identificare tendenze e opportunità di business. In campo sanitario, l'IA può essere utilizzata per analizzare grandi quantità di dati medici, come radiografie o risultati di laboratorio, per identificare patologie o possibili problemi di salute. In campo scientifico, l'IA può essere utilizzata per analizzare grandi quantità di dati sperimentali, come immagini o registrazioni, per identificare pattern e relazioni che potrebbero altrimenti essere difficili da individuare.

L'IA ha anche il potere di automatizzare molte delle attività di analisi dei dati, liberando così il tempo e le risorse umane per concentrarsi su attività più strategiche. Inoltre può essere utilizzata per creare modelli predittivi che possono aiutare a prevedere eventi futuri e a prendere decisioni informate.

Sfide dell'IA

In questa sezione esploreremo tre questioni principali: la privacy, il bias e la responsabilità.

In primo luogo, esploreremo la questione della privacy in relazione all'IA. Con l'aumento della quantità di dati che vengono raccolti e utilizzati per alimentare i sistemi di intelligenza artificiale, diventa sempre più importante garantire che questi dati vengano utilizzati in modo responsabile e che le persone abbiano il controllo su come i loro dati vengono utilizzati.

In secondo luogo, esploreremo il problema del bias nell'IA. I sistemi di intelligenza artificiale sono solo come i dati che utilizzano per imparare, quindi se i dati sono sbilanciati, i sistemi di intelligenza artificiale saranno sbilanciati. È importante che gli sviluppatori e i ricercatori lavorino per ridurre il bias nei dati e nei modelli di IA per garantire che i sistemi siano equi e non discriminatori.

Infine, un'altra questione etica importante è la responsabilità. Chi è responsabile quando un sistema di IA commette un errore o causando danni? Chi deve essere considerato responsabile quando un veicolo autonomo causare un incidente? Queste sono domande a cui è necessario trovare risposte a medida che l'IA diventa sempre più presente nella vita quotidiana.

Privacy

In particolare, esploriamo la questione della privacy e come l'IA può influire sulla protezione dei dati personali degli individui. Con l'aumento dell'utilizzo dell'IA in diversi ambiti, come la sanità, la finanza e le telecomunicazioni, diventa sempre più importante garantire che i dati personali degli individui vengano trattati in modo responsabile e sicuro.

Uno dei principali problemi legati alla privacy e all'IA è la raccolta e l'utilizzo dei dati personali senza il consenso esplicito degli individui interessati. Ciò può portare a problemi di trasparenza e di controllo degli individui su come i loro dati vengono utilizzati. Inoltre, c'è il rischio che i dati raccolti vengano utilizzati per scopi diversi da quelli per i quali sono stati raccolti, come la profilazione o la discriminazione.

Per affrontare questi problemi, è importante che vengano adottate misure di sicurezza adeguate per proteggere i dati personali degli individui. Ciò include la crittografia dei dati, la limitazione dell'accesso ai dati solo a coloro che ne hanno bisogno per svolgere il loro lavoro, e la predisposizione di meccanismi per la gestione dei reclami e delle violazioni della privacy.

Bias

Il bias, o pregiudizio, è una delle questioni etiche più importanti nell'ambito dell'IA.

Il bias può manifestarsi in diversi modi, ad esempio nei dati di addestramento utilizzati per alimentare un algoritmo, nella struttura stessa dell'algoritmo o nell'interpretazione dei risultati. Un esempio di bias nei dati di addestramento può essere un dataset che rappresenta in modo sbilanciato un determinato gruppo di persone, come ad esempio le donne o le persone di colore. Ciò può causare un algoritmo di apprendimento automatico a fare previsioni sbagliate o discriminatorie per questi gruppi.

Un altro esempio di bias può essere la struttura stessa dell'algoritmo, come ad esempio la scelta arbitraria di una funzione di perdita che favorisce un determinato gruppo di dati. Inoltre, l'interpretazione dei risultati può essere influenzata dal bias, ad esempio se un algoritmo classifica in modo scorretto un determinato gruppo di persone, l'interpretazione dei risultati può essere sbagliata e portare a decisioni errate. Il bias nell'IA può essere combattuto attraverso una serie di misure, tra cui la raccolta di dati più rappresentativi, la revisione dei dati esistenti per individuare eventuali problemi di bias e l'adozione di pratiche di progettazione algoritmica più eque. Inoltre, è importante che i team di sviluppo dell'IA siano composti da persone provenienti da diverse background culturali ed etnici, in modo che possano contribuire a prevenire e individuare il bias nei loro algoritmi.

Responsabilità

Nell'era digitale in cui viviamo, le macchine sono sempre più presenti nella nostra vita quotidiana e svolgono un ruolo sempre più importante in molteplici ambiti. Con questo aumento della presenza delle macchine, aumenta anche la necessità di considerare le conseguenze delle loro azioni e decidere a chi attribuire la responsabilità in caso di errore.

In campo legale, la questione della responsabilità in caso di incidenti causati da veicoli autonomi è già stata affrontata in alcuni paesi. Tuttavia, la questione della responsabilità nell'IA è molto più complessa e sfaccettata. Ad esempio, in caso di errore di un algoritmo utilizzato in ambito medico, a chi attribuire la responsabilità? All'azienda che ha sviluppato l'algoritmo? All'ospedale che lo ha utilizzato? All'operatore che lo ha applicato?

Inoltre, la questione della responsabilità va oltre gli incidenti specifici. L'IA può avere conseguenze impreviste sulla società e sull'economia, come la disoccupazione causata dalla automatizzazione dei lavori. In questo caso, a chi attribuire la responsabilità di queste conseguenze?

Ci sono anche casi in cui potrebbe essere difficile stabilire la responsabilità, ad esempio quando un sistema di IA è stato creato da un'azienda e poi venduto a un'altra per essere utilizzato in modo improprio. In questi casi, potrebbe essere necessario stabilire nuove leggi e norme per regolamentare la responsabilità dell'IA.

Capitolo 4:

I. A.

Tipi di Intelligenza Artificiale

Questa sezione si divide in due parti principali: l'IA debole e l'IA forte.

L'IA debole è un tipo di intelligenza artificiale che è progettata per eseguire compiti specifici, come il riconoscimento vocale o la traduzione automatica. Questo tipo di IA è spesso usato in applicazioni pratiche come assistenti virtuali, chatbot e sistemi di assistenza automatizzati.

L'IA forte, d'altra parte, è un tipo di intelligenza artificiale che mira a imitare il pensiero umano e a superare la capacità umana di eseguire determinati compiti. Questo tipo di IA è ancora in fase di sviluppo e presenta molte sfide, tra cui la mancanza di comprensione profonda del modo in cui i cervelli umani elaborano informazioni e la mancanza di un'etica solida per governare l'uso dell'IA.

Le applicazioni dell'IA debole sono ampie e variano da semplici chatbot a sistemi di assistenza automatizzati in grado di rispondere a domande complesse. Questi sistemi sono progettati per rendere la vita delle persone più semplice e più efficiente, eliminando compiti noiosi o ripetitivi e migliorando la qualità dei servizi offerti.

Le applicazioni dell'IA forte, invece, sono ancora in fase di sviluppo, ma potrebbero includere sistemi di intelligenza artificiale avanzati in grado di svolgere compiti che richiedono un'elevata quantità di conoscenza e comprensione. Questi sistemi potrebbero essere utilizzati per supportare la diagnosi medica, la previsione del tempo e la pianificazione delle attività, tra le altre cose.

IA debole

L'IA debole è un tipo di intelligenza artificiale che si concentra su compiti specifici, come la risoluzione di problemi o la classificazione di dati. Questi sistemi di IA sono progettati per svolgere compiti specifici, come la traduzione di lingue o il riconoscimento vocale, ma non hanno la capacità di comprendere il mondo in modo globale o di acquisire conoscenza a partire dall'esperienza.

Uno dei principali vantaggi dell'IA debole è che è molto efficiente nel completamento di compiti specifici. Questi sistemi sono progettati per svolgere compiti specifici in modo molto preciso e veloce, il che li rende molto utili per molte applicazioni pratiche.

l'IA debole ha anche alcune limitazioni importanti, questi sistemi sono limitati dal loro progetto specifico e Inoltre, essi non possono acquisire conoscenza a partire dall'esperienza e hanno bisogno di essere programmati manualmente per completare nuovi compiti.

Applicazioni dell'IA debole

Una delle applicazioni più diffuse dell'IA debole è il riconoscimento vocale. Sistemi di riconoscimento vocale utilizzano l'IA debole per comprendere e tradurre la voce umana in testo digitale. Questi sistemi sono utilizzati in molti dispositivi come smartphone, altoparlanti intelligenti e automobili, rendendo più semplice e conveniente l'utilizzo di questi dispositivi.

L'IA debole viene anche utilizzata in molte applicazioni di visione artificiale. Ad esempio, sistemi di sorveglianza utilizzano la visione artificiale per rilevare e identificare oggetti o persone in un'area specifica. Questi sistemi possono essere utilizzati per scopi di sicurezza, come la sorveglianza di una proprietà privata o la prevenzione del crimine in un'area pubblica.

L'IA debole viene utilizzata anche in molte applicazioni di marketing e pubblicità. Ad esempio, sistemi di personalizzazione del contenuto utilizzano l'IA debole per analizzare i dati sulle preferenze e gli interessi degli utenti e fornire loro contenuti personalizzati. Questi sistemi possono essere utilizzati per migliorare l'efficacia delle campagne pubblicitarie e aumentare la fedeltà dei clienti.

Inoltre, l'IA debole viene utilizzata in molte applicazioni di assistenza virtuale. Ad esempio, chatbot utilizzano l'IA debole per fornire risposte automatiche a domande comuni degli utenti e aiutarli a risolvere i problemi. Questi chatbot possono essere utilizzati in molte industrie, come il settore dei viaggi, della sanità e della finanza, per fornire un servizio clienti più efficiente e personalizzato.

IA forte

L'Intelligenza Artificiale forte, nota anche come IA autonoma o IA generalizzata, è una forma avanzata di intelligenza artificiale che è in grado di eseguire molte attività umane, senza la necessità di essere direttamente programmata. In altre parole, questo tipo di intelligenza artificiale è in grado di apprendere da sola, di adattarsi a situazioni nuove e di formulare risposte alle domande, basandosi sui dati che ha a disposizione.

L'IA forte si distingue dall'IA debole in quanto quest'ultima è progettata per svolgere un compito specifico, utilizzando algoritmi predeterminati e dati specifici. Al contrario, l'IA forte è in grado di utilizzare le informazioni e i dati disponibili per sviluppare un'interpretazione generale della situazione e prendere decisioni in modo indipendente.

L'obiettivo dello sviluppo dell'IA forte è quello di creare una forma di intelligenza artificiale che sia in grado di svolgere compiti complessi e adattarsi a situazioni nuove, utilizzando le proprie conoscenze e capacità di apprendimento. Tuttavia, questo tipo di intelligenza artificiale presenta anche sfide etiche e di sicurezza, poiché può essere difficile prevedere e controllare le sue azioni.

Applicazioni dell'IA forte

L'Intelligenza Artificiale forte, nota anche come IA autonoma o IA generalizzata, è una forma avanzata di intelligenza artificiale che è in grado di eseguire molte attività umane, senza la necessità di essere direttamente programmata. In altre parole, questo tipo di intelligenza artificiale è in grado di apprendere da sola, di adattarsi a situazioni nuove e di formulare risposte alle domande, basandosi sui dati che ha a disposizione.

L'IA forte si distingue dall'IA debole in quanto quest'ultima è progettata per svolgere un compito specifico, utilizzando algoritmi predeterminati e dati specifici. Al contrario, l'IA forte è in grado di utilizzare le informazioni e i dati disponibili per sviluppare un'interpretazione generale della situazione e prendere decisioni in modo indipendente.

L'obiettivo dello sviluppo dell'IA forte è quello di creare una forma di intelligenza artificiale che sia in grado di svolgere compiti complessi e adattarsi a situazioni nuove, utilizzando le proprie conoscenze e capacità di apprendimento. Tuttavia, questo tipo di intelligenza artificiale presenta anche sfide etiche e di sicurezza, poiché può essere difficile prevedere e controllare le sue azioni.

Confronto tra IA debole e forte

L'Intelligenza Artificiale è un campo in rapida evoluzione e ci sono molte interpretazioni diverse di ciò che costituisce l'IA debole e l'IA forte. Tuttavia, in generale, l'IA debole si riferisce a sistemi di intelligenza artificiale che sono in grado di svolgere compiti specifici ma non sono in grado di comprendere il mondo in modo autonomo come un essere umano. Al contrario, l'IA forte si riferisce a sistemi di intelligenza artificiale che sono in grado di comprendere il mondo e di svolgere compiti autonomamente, come un essere umano.

Esistono alcune differenze fondamentali tra IA debole e IA forte. Ad esempio, l'IA debole è limitata a compiti specifici e non è in grado di adattarsi e apprendere come un essere umano. Al contrario, l'IA forte è in grado di adattarsi e apprendere continuamente, rendendola più potente e flessibile. Inoltre, l'IA debole è spesso basata su algoritmi predefiniti e modelli di dati, mentre l'IA forte è in grado di elaborare nuove informazioni e utilizzare queste informazioni per modificare i suoi comportamenti e le sue decisioni.

Nonostante le differenze, ci sono anche molte similitudini tra IA debole e forte. Ad esempio, entrambi i tipi di IA sono progettati per aiutare gli esseri umani a risolvere problemi e a migliorare la loro qualità della vita. Inoltre, entrambi i tipi di IA richiedono enormi quantità di dati e di potenza di elaborazione per funzionare correttamente.

In definitiva, il confronto tra IA debole e forte è complesso e in continua evoluzione. Tuttavia, comprendere le differenze e le similitudini tra i due tipi di IA è importante per capire il potenziale e i limiti dell'IA e per determinare come utilizzare al meglio questa tecnologia per aiutare gli esseri umani.

Sfide e opportunità

La differenza tra intelligenza artificiale debole e forte è fondamentale per comprendere le opportunità e le sfide che queste tecnologie presentano. In termini di sfide, lo sviluppo di sistemi di IA forte presenta alcuni ostacoli importanti, tra cui la necessità di un'enorme quantità di dati e l'affidabilità nella raccolta e nell'elaborazione di questi dati. Inoltre, lo sviluppo di sistemi di IA forte richiede una solida comprensione delle tecniche di apprendimento automatico e della loro capacità di generalizzare con precisione dai dati di formazione.

Tuttavia, nonostante queste sfide, l'IA forte presenta anche numerose opportunità per la società. Ad esempio, la capacità di analizzare grandi quantità di dati in modo rapido e preciso può fornire informazioni preziose per le aziende e per la pubblica amministrazione, che possono essere utilizzate per prendere decisioni più informate. Inoltre, l'IA forte può essere utilizzata per automatizzare molte attività che richiedono un'elevata quantità di tempo e sforzo da parte degli esseri umani, liberando risorse preziose per altre attività a maggior valore aggiunto.

Inoltre, lo sviluppo dell'IA forte può anche contribuire a risolvere alcuni dei problemi più urgenti della società, come la lotta contro le malattie e la creazione di soluzioni sostenibili per la gestione delle risorse naturali. Tuttavia, è importante che lo sviluppo dell'IA forte avvenga in modo responsabile e che si tengano in considerazione i problemi etici e di sicurezza ad esso associati.

In definitiva, l'IA forte presenta sfide e opportunità importanti per la società e richiede una solida comprensione delle sue capacità e limiti, nonché un approccio responsabile allo sviluppo e all'utilizzo di queste tecnologie.

Sviluppo dell'IA forte

L'intelligenza artificiale forte è un campo in continua evoluzione, con progressi significativi negli ultimi decenni. Tuttavia, nonostante i progressi, l'IA forte è ancora molto lontana dall'essere in grado di raggiungere un livello di intelligenza umana generalizzata.

In alcune applicazioni specifiche, come la traduzione automatica o la guida autonoma, l'IA forte ha raggiunto livelli sorprendenti di accuratezza e affidabilità. Tuttavia, la maggior parte dei sistemi di IA forte attuali è ancora limitata a compiti ben definiti e con un ambito di conoscenze molto preciso. Non sono ancora in grado di comprendere il contesto in modo generalizzato, di formulare ipotesi e di prendere decisioni basate su considerazioni complesse.

Oltre ai limiti intrinseci nella capacità di elaborazione e di apprendimento delle attuali tecnologie di IA forte, ci sono anche sfide importanti nel costruire sistemi che siano al tempo stesso affidabili e sicuri. La natura stessa dell'IA forte, che implica la capacità di prendere decisioni autonome, crea preoccupazioni etiche e di sicurezza. In alcuni casi, queste preoccupazioni sono già diventate realtà, con sistemi di IA che hanno preso decisioni che hanno avuto conseguenze negative per gli individui o per la società.

Malgrado questi limiti e sfide, il progresso nello sviluppo dell'IA forte continua a essere notevole e promettente. Con l'evolversi delle tecnologie di elaborazione e di apprendimento automatico, e con la crescita delle ricerche interdisciplinari che integrano la psicologia, la filosofia e la sociologia, si prevede che l'IA forte continui a evolversi in modo significativo nei prossimi anni. La sfida per gli sviluppatori e per la società sarà quella di continuare a progredire verso una IA forte che sia al tempo stesso utile, affidabile e sicura.

Sfide nello sviluppo di sistemi di IA forte

L'IA forte rappresenta uno dei più grandi traguardi della scienza e della tecnologia, ma la sua realizzazione è tutt'altro che semplice. C'è una crescente consapevolezza del fatto che la creazione di sistemi di IA forte rappresenta una sfida enorme, sia dal punto di vista tecnico che etico.

In primo luogo, dobbiamo affrontare la questione della tecnologia. La creazione di sistemi di IA forte richiede avanzamenti significativi in molte aree della scienza, tra cui l'elaborazione del linguaggio, la comprensione delle immagini e la capacità di apprendere dai dati. Tuttavia, non esiste ancora una soluzione unificata a questi problemi, e la comunità scientifica deve lavorare a stretto contatto per sviluppare nuove tecniche e metodologie che permettano di superare queste sfide tecnologiche.

In secondo luogo, c'è la questione etica e di sicurezza. Sebbene l'IA forte possa avere molti impieghi positivi, come ad esempio aiutare nella diagnosi medica o nella previsione del clima, essa rappresenta anche una seria minaccia per la società. Ad esempio, potrebbe essere utilizzata per commettere atti criminosi, o per manipolare le decisioni degli individui. Pertanto, è necessario sviluppare sistemi di IA forte in modo responsabile, tenendo conto dei rischi per la società e adottando misure per mitigare questi rischi.

Tecniche di sviluppo

Nello sviluppo dell'IA forte, le tecniche giocano un ruolo cruciale. Esse determinano come verrà implementato il sistema di intelligenza artificiale e quale livello di complessità raggiungerà. Tra le tecniche più comuni ci sono l'apprendimento automatico, l'elaborazione del linguaggio naturale e l'elaborazione visiva.

L'apprendimento automatico si basa sull'alimentazione di grandi quantità di dati al sistema di intelligenza artificiale, che quindi li utilizza per identificare schemi e relazioni. Questo gli permette di fare previsioni e prendere decisioni in base ai dati che ha imparato.

L'elaborazione del linguaggio naturale si concentra sulla capacità del sistema di intelligenza artificiale di comprendere e generare testo in un linguaggio simile a quello umano. Questa tecnica viene utilizzata in molte applicazioni, come la chatbot e i sistemi di traduzione automatica.

L'elaborazione visiva, infine, si concentra sulla capacità del sistema di intelligenza artificiale di comprendere e interpretare informazioni visive, come immagini e video. Questa tecnica viene utilizzata in molte applicazioni, come la sorveglianza e il riconoscimento facciale.

Queste sono solo alcune delle tecniche che vengono utilizzate nello sviluppo dell'IA forte, ma esse mostrano l'importanza di una vasta gamma di tecnologie e competenze per creare sistemi di intelligenza artificiale sofisticati e funzionanti.

Capitolo 5:

Tendenze e sviluppi futuri dell'IA

Le tecnologie emergenti

Le tecnologie emergenti per l'Intelligenza Artificiale stanno rapidamente evolvendo e rivoluzionando diversi settori industriali. Ecco alcune delle tecnologie più importanti:

- Apprendimento profondo: L'apprendimento profondo è una forma avanzata di apprendimento automatico che utilizza reti neurali artificiali molto complesse per modellare i dati e riconoscere schemi. Questa tecnologia sta già trovando impiego in molte applicazioni, tra cui la visione artificiale, il natural language processing e la diagnostica medica.

- Intelligenza distribuita: L'intelligenza distribuita è una tecnologia che consente ai sistemi di intelligenza artificiale di funzionare in modo collaborativo su più dispositivi e piattaforme, condividendo informazioni e risorse per raggiungere risultati più precisi e affidabili. Questa tecnologia sta già trovando impiego in molte applicazioni, tra cui la sicurezza informatica, la diagnostica medica e la produzione automatizzata.

- Computer vision: La computer vision è una tecnologia che consente ai sistemi di intelligenza artificiale di interpretare e comprendere immagini e video. Questa tecnologia sta già trovando impiego in molte applicazioni, tra cui la sicurezza, la produzione automatizzata e l'intrattenimento.

- Natural language processing (NLP): Il Natural language processing è una tecnologia che consente ai sistemi di intelligenza artificiale di comprendere e analizzare il linguaggio naturale, tra cui la parola scritta e parlata. Questa tecnologia sta già trovando impiego in molte applicazioni, tra cui la traduzione automatica, la ricerca sul web e la conversazione con assistenti virtuali.

Applicazioni future

Nel prossimo futuro, le applicazioni dell'Intelligenza Artificiale sono previste per espandersi in modo significativo e trasformare molte industrie e settori. La combinazione di avanzamenti tecnologici e aumenti di potenza di calcolo stanno aprendo nuove possibilità per l'utilizzo dell'IA in molte aree, tra cui la salute, l'energia, la sicurezza nazionale, la finanza e molti altri.

In medicina, l'IA è prevista per diventare un importante strumento per la diagnosi e il trattamento delle malattie. Gli algoritmi di intelligenza artificiale sono in grado di analizzare enormi quantità di dati medici, come immagini radiologiche e risultati di esami del sangue, e di supportare i medici nella formulazione di diagnosi precisi e personalizzati trattamenti per i pazienti.

Nel settore dell'energia, l'IA è prevista per giocare un ruolo importante nella gestione della produzione e della distribuzione di energia. Gli algoritmi di intelligenza artificiale sono in grado di analizzare grandi quantità di dati provenienti da fonti di energia rinnovabili, come il sole e il vento, e di supportare la pianificazione e la gestione delle risorse energetiche in modo più efficiente.

La sicurezza nazionale è un altro settore che potrebbe trarre grandi benefici dalle tecnologie dell'IA. Ad esempio, le tecnologie di riconoscimento facciale e di analisi del comportamento basate sull'IA potrebbero essere utilizzate per prevenire atti di terrorismo e proteggere la popolazione.

In finanza, l'IA è prevista per diventare un importante strumento per la gestione dei portafogli e la previsione del mercato. Gli algoritmi di intelligenza artificiale possono analizzare grandi quantità di dati finanziari e aiutare gli investitori a prendere decisioni informate.

regalo finale:

ben 13 motivi per non avere ansia dell'IA

per ora

1 L'IA è solo uno strumento: L'IA è solo uno strumento che viene utilizzato per risolvere problemi specifici e ottimizzare processi. Non è un'entità autonoma che agisce di propria volontà.

2 L'IA è programmata per eseguire compiti specifici: L'IA è programmata per eseguire compiti specifici e non è in grado di prendere decisioni al di fuori del suo programma.

3 L'IA è solo un'estensione della tecnologia: L'IA non è altro che un'estensione delle tecnologie esistenti e non rappresenta una minaccia per la società.

4 L'IA è soggetta a regolamentazione: La regolamentazione delle tecnologie di intelligenza artificiale garantisce che queste tecnologie siano utilizzate in modo responsabile e sicuro.

5 L'IA è soggetta a test rigorosi: L'IA viene sottoposta a test rigorosi prima di essere utilizzata su larga scala, il che garantisce che sia sicura ed efficace.

6 L'IA può aiutare a risolvere problemi globali: L'IA può aiutare a risolvere problemi globali come la salute pubblica, l'ambiente e la povertà.

7 L'IA può aumentare la produttività: L'IA può aumentare la produttività e migliorare la qualità della vita dei cittadini.

8 L'IA può aiutare a creare nuovi posti di lavoro: L'IA può aiutare a creare nuovi posti di lavoro e a rafforzare l'economia.

9 L'IA non sostituirà completamente il lavoro umano: L'IA non sostituirà completamente il lavoro umano, ma lo complementerà.

10 L'IA non ha emozioni o sentimenti: L'IA non ha emozioni o sentimenti e non è in grado di causare intenzionalmente danni.

11 L'IA viene utilizzata solo dove necessario: L'IA viene utilizzata solo dove necessario e non viene utilizzata per sostituire il lavoro umano dove non è necessario.

12 L'IA è trasparente: L'IA è trasparente e la sua decisione può essere facilmente tracciata e verificata.

13 L'IA è soggetta a controllo umano: L'IA è soggetta a controllo umano e le sue decisioni possono essere facilmente modificate da persone qualificate.

www.ingramcontent.com/pod-product-compliance
Lightning Source LLC
Chambersburg PA
CBHW070304220526
45465CB00004B/1737